우리의 인연도
　　분명 그러할 것이라고

매일 밤, 당신을 향한 단 하나의 위로
〈우리의 인연도 분명 그러할 것이라고〉

초판 1쇄 인쇄 2019년 11월 18일
초판 1쇄 발행 2019년 11월 25일

지은이 | 정지석

발행인 | 이은화
기획편집 | 이은화
디자인 | 서승연
발행처 | 피어오름

주소 서울시 성북구 정릉로12길 26
전화 02-942-5376
팩스 02-6008-9194
전자우편 piuoreumbooks@naver.com
홈페이지 www.piuoreum.com

ISBN 979-11-964641-3-4

· 이 책의 판권은 지은이와 피어오름에 있습니다.
· 이 책 내용의 전부 또는 일부를 이용하려면 반드시 피어오름의 동의를 받아야 합니다.
· 잘못 인쇄된 책은 서점에서 바꾸어 드립니다.

이 도서의 국립중앙도서관 출판예정도서목록(CIP)은 서지정보유통지원시스템 홈페이지
(http://seoji.nl.go.kr)와 국가자료종합목록 구축시스템(http://kolis-net.nl.go.kr)
에서 이용하실 수 있습니다. (CIP제어번호 : CIP2019041976)

우리의 인연도
분명 그러할 것이라고

정지석 에세이

피어오름
BOOKS

누구보다 아름답고

소중한 _____에게

프롤로그

모든 순간들이

행복하기를

막연하게 누구에게 행복을 주고 싶다는 이유와 누구나 꿈을 가졌으면 하는 바람으로 글을 쓰기 시작하였고, 돌아보면 어제와 같은 시간들이 벌써 2년이 흘렀습니다.

아직은 성숙하지 못한 감정이지만 겉으로 느껴지는 것이 아닌 마음 깊숙이 여운을 남기는 그런 글, 모두가 공감할 수 있는 글이 되었으면 좋겠습니다.

봄이 찾아와 꽃들이 아름답게 만개하듯이 여러분의 삶도 아름답기를 바라며, 누구보다 소중하고 아름다운 그대의 모든 순간들이 행복하기를 소망해봅니다.

정지석 드림

1부
함께한 순간들

18 스스로에게 던지는 질문	42 괜찮은 척 살아간다
20 언제였나요?	44 겨울의 끝
22 무엇이든 적당히	46 그동안 고마웠어요
24 사랑이다	48 그렇게 어른이 되어간다
26 감정에 솔직해지기	50 탈색
28 마음이라는 물감	52 빛나라, 아름답게
30 말보단 행동	54 어른이 되어가는 걸까
32 Marry You	56 양날의 검, 말
34 닮아가는 중	58 당신도 알고 있나요?
36 완벽하지 않은 것들의 아름다움	60 당신도 사랑받을 자격이 있다
38 돌고 돌아 다시	62 영원이란 것은 없었다
40 네가 자리 잡아버린 내 일상	64 넌 그게 전부야
	66 놓치고 깨닫게 되는 것들

68 함께한 순간들	94 보이는 게 전부는 아니다
70 감동의 순간	96 추억이라는 골동품
72 그때 그 시절	98 알면서도 모르는 척
74 연락의 중요성	100 Love Yourself, Love Myself
76 애꿎은 날씨 탓	102 보이는 그대로의 나
78 아팠던 끝맺음	104 흔들림의 시작
80 그러고 싶었다	106 안 될 인연은 놓아주자
82 너라서	108 한밤의 통화
84 감정의 책임	110 시간의 소용돌이
86 문득	112 마음이라는 꽃병
88 익숙함이라는 무서움	114 무너지진 않았다
90 언어의 무게	116 너도, 나도
92 정이 든다는 건	

2부
봄을 부르는 당신

120	마음속에 피어난 꽃	146	괜찮다, 무엇이든
122	당신 때문인데	148	당신은 참 잘하고 있다
124	변하지 않을 약속	150	과거 회상: 그땐 그랬지
126	아팠던 이별의 끝	152	꿈을 좇는 어른
128	사랑의 세레나데	154	놓치지 말아요
130	우연, 인연	156	봄을 부르는 당신
132	전하지 못한 마음	158	빨간 인연의 실
134	그곳이 어디든	160	그대 생각에
136	행복한가요?	162	나는 나다
138	정답 없는 질문	164	너 하나쯤은
140	소리 없는 울음	166	대화의 중요성
142	이제는 떠나보내야 하는 것들	168	장마
144	비 온 뒤 갬	170	운명의 상대

172	솔직하게 말해서 나	198	다시 너를 마주하기를
174	그러지 말걸	200	청혼의 사계절
176	그렇게, 우연히	202	잠든 사이
178	사랑의 갈망	204	행복해져요, 우리
180	자신 있게 말하자	206	행복을 주문할게요
182	쓸데없는 감정 낭비	208	눈 맞춤
184	사소함에서 비롯되는 모든 것들	210	기분 좋은 뒤척임
186	잘 자, 예쁜 꿈 꿔	212	환하게 웃으세요
188	나에게 정말 소중한 당신	214	아픔의 끝엔
190	소중한 그대에게	216	속삭임
192	더 잘할 수 있었는데	218	내 진심이 닿았으면
194	어디쯤 가야 할까요?		
196	추억의 사진관		

1부
함께한 순간들

스스로에게
던지는 질문
―――――

하루 끝에 서서
스스로에게 나지막하게 묻는다.
오늘 하루는 잘 지냈는지,
아니면 잘 버텼는지.

스스로에게 대답을 하지 못한 채
뒤척이다 일어나 베란다로 나와
짙은 공기 한 모금을 들이마신다.

나름 잘 살아가고 있는 건지,
잘 살아가는 척을 하는 건지.
벽에 걸린 거울에 비친 모습을 보며
스스로에게 말을 건넨다.

오늘 하루도 잘 살아줘서 고맙다고,
버텨줘서 참 고맙다고.

19 함께한 순간들

언제였나요?
___

여러분들의 인생에서
가장 아름다웠던 순간은 언제였나요?

조심스레 질문을 던져본다.

누구나 인생에 한 번쯤은 맞이할 '화양연화'.
그 순간을 화려하게 맞이하길 소망해봅니다.

* 화양연화(花樣年華)는

'인생에서 가장 아름답고 행복한 시간'을 가리킵니다.

21 함께한 순간들

무엇이든
적당히
―――

더도 말고 덜도 말고 적당히.
이 '적당히'라는 기준이 정말 어렵다.

과하면 독이 되기에
모자라지도 넘치지도 않게
딱 그 중간을 맞춰야 한다.

사랑도 사람도 인생도
모든 게 적당해야 한다.

사랑이다
———

서로 다른 색깔과 개성을 가진
우리가 만나
각자 다른 꽃들을 피워 내고,
오늘도 우리는 서로의 향기로
물들어가고 있었다.

달콤하면서도 짙은 매혹한 향이
코끝을 스쳐 지나간다.

사랑이다.

**감정에
솔직해지기**
———

자신의 감정에 솔직해지세요.
남의 감정이 아닌 자신의 감정 말이에요.

남의 감정에만 자꾸 신경 쓰다 보면
당신만 상처 받기 마련이에요.

싫으면 싫다, 좋으면 좋다,
슬프면 슬프다고 꼭 말하세요.

말 안 하면 모르거든요.

27 함께한 순간들

**마음이라는
물감**
—

투명한 물 위에
물감 한 방울 툭 떨어트려본다.

그대에게도 내 마음이 퍼져나가길 바라며
떨어진 물감이 퍼지기 시작한다.

함께한 순간들

**말보단
행동**
—

사랑한다고 확신하게끔 만들어주고,
불안하지 않게 행동으로 보여주며,
힘들거나 아플 때 자기 일처럼 같이 아파해주는,
다른 사람들이 등 돌려도 나를 믿어줄 그런 사람.

나 또한 그 사람에게 믿음과 확신을 줄 수 있는
그에 알맞은 사람이 되도록 노력해야 한다.

31 함께한 순간들

Marry
You
—

있잖아요, 우리.
달도 예쁜데 멍청이 같은 짓이나 해 볼까요.

나 당신하고 결혼하고 싶어요.

33 함께한 순간들

닮아가는 중

눈을 뜨면 생생하게 그려진다.

당신의 해맑은 그 미소,
내 마음을 흔들어놓던 그 미소.

반달처럼 휘어지게 웃는 눈웃음,
웃을 때마다 쏙 들어가는 보조개.

그런데 어느샌가
나도 그렇게 웃고 있다는 걸 느꼈다.

우린 그렇게 서로 닮아가고 있었다.

함께한 순간들

**완벽하지 않은 것들의
아름다움**
───

사람은 누구나
장점과 단점을 가지고 살아가며,
세상에는 완벽함이라는 것이
존재하지 않음에도 불구하고
모든 사람은 자신이 완벽해지기 위해
끊임없이 노력한다.

자신에게 만족하지 못 했던
지나온 날들을 되돌아보며
과거의 자신을 스스로 깎아내린다.

그러나 이것 하나만은 꼭 잊지 말았으면 한다.
누구나 저마다의 개성을 지니고 살아가며,
인간은 완벽해질 수 없기에
아름다운 존재라는 것을.

함께한 순간들

**돌고 돌아
다시**

—

누군가 그랬다.
"시간이 모든 것을 해결해 줄 거야."라고 말이다.

그래서 떠나간 너를 잊어보기 위해
이 사람도 만나보고, 저 사람도 만나보며
새로운 인연으로 너를 잊으려고
발버둥을 쳐봤지만

결국 너라는 곳으로 다시 돌아오게 되었다.

**네가 자리 잡아버린
내 일상**

———

오늘도 어김없이 평소와 다름없는 하루인데
밥을 먹을 때도, 길을 걸을 때도
내 머릿속엔 온통
내 와이셔츠에 깊게 스며든
너의 향수 냄새와 함께 너라는 사람이
내 일상에 자리 잡아버렸다.

그런 나라는 사람은
온종일 너를 그리며 시간을 보낸다.

41 함께한 순간들

**괜찮은 척
살아간다**
———

무엇이 힘든지 모를 만큼 힘들다.
더 이상 흐를 눈물이 없을 만큼 슬프고
소리조차 낼 수 없을 만큼 아프다.

그럼에도 불구하고 괜찮은 척 웃으며
자신의 감정을 숨긴 채 살아간다.

43 함께한 순간들

**겨울의
끝**
—

유난히 추웠던 겨울이었다.
네가 없는 첫 번째 겨울이었고
네가 남기고 간 이 겨울이
끝나가고 있었다.

너는 날 잊으려고 노력하겠지만
난 다시 돌아올 겨울에도
너를 기억하려고 한다.

이유 모를 복잡한 감정들과 슬픔을 담아서.

45 함께한 순간들

**그동안
고마웠어요**
―――

나 한 걸음 당신에게서 멀어져 갈 테니
당신도 한 걸음 멀어져 가 주세요.

뒤를 돌아 한참을 걸어가
서로가 보이지 않는 곳까지 간다면
이제 그만 걸어가도 괜찮을 것 같아요.

이제 거기에서는 각자의 길을 걸어가요, 우리.

잘 가요.
부족했던 나를 사랑해줘서 고마웠어요.

47 함께한 순간들

그렇게 어른이 되어간다

과거의 어렸던 나는
사람들이 날 떠나가는 것이 두려워서
허겁지겁 그 사람들을 붙잡기에 바빴다.

하지만 시간이 흐르고 난 뒤
그럴 필요가 전혀 없었다는 걸 알게 되었다.

남을 사람은 남았을 테고
떠날 사람들은 떠났을 거라는 걸.

탈색
—

사랑했던 사람의 색깔로
내가 흠뻑 물들어버리고
시간이 지나 색이 점차 바라고 바래
이별을 겪을 때쯤이면
그 사람의 흔적 하나 없이 나를 비워야 한다.

그래서 이별이 참 힘든가보다.
색이 빠지는 데 생각보다 시간이 오래 걸리니까.

51 함께한 순간들

**빛나라,
아름답게**
———

찬란하고 아름답게 빛나라.
내 아름다운 사람아.

어두운 하늘에 수놓인 별들이
은하수가 되어 눈이 부시게 빛을 쏟아내듯이.

반짝 반짝 빛나라.
내 아름다운 사람아.

53 함께한 순간들

**어른이
되어가는 걸까**
———————

어렸을 땐 하늘이 가깝게만 느껴졌다.
지금 다시 하늘을 올려다보니
멀고 높게만 느껴진다.

나도 어른이 되어가고 있는 걸까.
아메리카노의 쓴 맛조차도 싫어하는데.

함께한 순간들

양날의 검,
말
—

난 소문을 잘 믿지 않는다.

"너 이거 들어봤어? ○○가 그랬대."

앞에서도 못할 말은 뒤에서도 하지 않아야 하는데 확인되지도 않은 사실들을 사실인 것마냥 얘기하는 사람들이 있다.

발 없는 말이 천 리를 간다고, 그렇게 일파만파 퍼져 나가는 것이다. 확인되지 않은 사실이 당사자를 구석으로 몰아넣고 옭아매고 숨통을 조여 온다는 것을 모른 채 말이다.

그래서 말은 날카로운 칼이 되어 누군가를 찔러 아프게 할 수도 있고, 포근한 이불이 되어 누군가를 감싸줄 수도 있으니 말을 하기 전에 한 번쯤은 생각하고 말했으면 한다.

**당신도
알고 있나요?**
―――――――

"왜 내 마음을 몰라주는 거야?"

흔히 들을 수 있는 말이다.
이런 말을 하는 사람들에게 묻고 싶다.

당신도 그 사람을 잘 알고 있는지.

**당신도
사랑받을 자격이 있다**

사람들은 누구나
행복하고 사랑받을 자격이 있으며
무너지고 난 후 절망 속에서
다시 일어날 수 있는 능력을
나도, 그대도,
세상 사람 누구나 가지고 있다.

지금 이 지독한 악몽들도 다 사라질 테니
그대의 어여쁜 미소도 잃지 않기를.

61 함께한 순간들

**영원이란 것은
없었다**
―――

너의 손을 잡고 걷는 사람이
나였으면 좋겠다고
수백 번을 넘게 바라왔다.

마침내 그 바람은 이루어졌고
난 그 행복한 순간들이
영원할 것이라고 생각했다.

세상에 영원이라는 것은 없다는 것이
사실이었는지
너는 잡았던 내 손을 쉽게 놓아버리고
마음 또한 버려버렸다.

63 함께한 순간들

넌 그게 전부야
___

"넌 참 좋은 사람인데 그게 전부야."

툭 하고 네가 나에게 내던진 말은
나를 주저앉게 만들었다.

내가 아닌 다른 사람이 좋다며
매몰차게 뒤돌아선 너는
다른 사람의 손을 잡고 내 곁을 떠나갔다.

보이지 않은 상처를 덮고 지우려
노력하면 할수록 아물지 않고 아려와
눈물이 흐르는 일이 부기지수였다.

언제쯤 이 상처가 아물지도 모른 채
애써 나를 포장한 채 매일을 난 살아간다.

65 함께한 순간들

놓치고
깨닫게 되는 것들

사랑을 하고 이별을 한 후
우리는 늘 행복했던 순간을 찾는다.

머리로 생각하는 사랑을 했던 순간이 아니라
마음으로 너를 진심으로 사랑했던 순간 말이다.

그렇게 소중한 사람을 놓치고 난 후 깨달았다.
있을 때 잘하자고,
놓치고 나서 후회하지 말자고.

함께한 순간들

네가 없던 나의 하루는 어두운 새벽이었고
그 하늘엔 아무것도 떠있지 않았다.

하지만 너와 함께한 나의 하루는
어두운 새벽을 뚫고 떠오른 저 별들처럼
눈부시게 반짝였다.

**감동의
순간**
―

그러고 보면 감동의 순간은
참 예고 없이 찾아오곤 한다.

어제 새벽,
전화기 너머로 내게 건네던
당신의 무심하고 투박한 듯
따뜻한 그 한 마디 말처럼.

71 함께한 순간들

**그때
그 시절**
———

세상 모든 것들이 아름다웠고
너의 환한 미소에 눈이 부셨고
사소한 오해로 다퉜던 그때 그 시절들.

문득 길을 걷다가 네 생각이 나서
잠시 떠올려 보았다.
그때 그 시절이,
모두 너와 함께한 시절이었다.

함께한 순간들

연락의 중요성

네 연락이 늦어질수록
나는 점점 초조해지고 불안해져갔다.

처음에는
'그럴 수도 있지, 무슨 바쁜 일이 있겠지.'
하며 넘겼다.
하지만 하루, 이틀 반복되고 난 후 깨닫게 되었다.

나의 사랑의 크기와 너의 사랑의 크기가
같지 않다는 것을.
난 너에게 중요한 존재가 아니라는 것을.

75 함께한 순간들

애꽃은
날씨 탓

———

하늘이 우중충하니 흐리다.
날씨가 그러니 기분도 우울해지기 마련인지
기분 나쁜 감정들이 몸을 감싸 안는다.

눈앞이 흐려지고 가슴이 막혀오고 아파
주저앉아 멍하니 하늘을 쳐다보았다.

햇빛은 구름에 가려
나를 비추어줄 생각이 없나 보다.

77 함께한 순간들

아팠던 끝맺음

너와 함께한 모든 순간들을
영원히 기억 속에 남겨두고 싶었는데
내 간절한 바람과 달리
우리의 관계는 소원해져갔다.

너는 좋은 말이 어울리는 사람이었는데.
어느 미사여구를 가져다 놓아도
아깝지 않을 사람이었는데.

내 입에서 나온 말들이
결국 너를 울리고야 말았다.

함께한 순간들

**그러고
싶었다**
———

너는 나에게 말했다.

"너의 삶에 스며들고 싶어. 함께하고 싶어."

너의 그 아름다운 소망처럼
나도 너의 삶에 스며들고 싶었지만
너도 나도 스쳐 지나가버렸다.

81 함께한 순간들

너라서
———

그저 좋은 것이라면 무엇이든
너에게 한아름 안겨 주고 싶었다.
비싸지 않은 작은 선물 하나에도
너는 환한 미소로
너무 좋다며 눈물을 글썽여 주었다.

항상 너를 만나러 가는 발걸음은 설렘이 가득했고
예쁜 행동을 하는 네가 있기에
나의 행동도 더욱 더 예뻐지기 시작했다.

83 함께한 순간들

감정의
책임
―

누구나 자기 자신의 감정에
책임을 질 줄 알아야 한다.

기쁘고 화나고 슬프고 각양각색의 감정들이
누군가에겐 꿀처럼 달콤할 수도 있으며
누군가에겐 차가운 비수가 되어 꽂힐 수도 있다.

그러니 자기감정에 솔직해야 할 뿐만 아니라
피해서도 안 되며 외면해서는 더더욱 안 된다.

85 함께한 순간들

문득

밥은 잘 챙겨 먹고 다니는지
어디 아프지는 않은지
또 잘 살고 있는지.

문득 네 생각이 났다.

87 함께한 순간들

**익숙함이라는
무서움**
———

'익숙함에 속아 소중한 사람을 잃지 말자.'

곁에 있을 때 난 그 소중함을 알지 못했다.

네가 떠나고 나서야 비로소 깨닫게 되었고
그 소중함을 너무 늦게 알아버렸기에
애타게 부르지도 붙잡지도 못하게 되었다.

그리움으로 짙어지는 이 깊은 시간 속에서
뒤늦은 후회와
사무치는 그리움이라는 길을 걸으며
다시 오지 않을 너를
나는 오늘도 기다린다.

언어의
무게
―

말에도 무게가 필요하다.
당신이 가볍게 뱉은 말 한 마디가
과연 상처였는지 행복이었는지 한번 생각해보라.

이미 누군가는 상처를 받았을지도 모른다.

같은 말이라도 어떻게 말하느냐에 따라
가슴 깊은 곳에 새겨질 수도 있고
잊히지 않는 행복을 만들 수도 있다.

91　함께한 순간들

**정이
든다는 건**

———

엉망진창이 된 마음속에
떠나간 것들에 대한 빈자리를 채우려
이것저것 보이는 대로 막 들이다보니

정리되지 않았던 마음들이
다시 무너져 내리기 시작했다.

참 무섭다.
정이 들어버렸다는 것이.

**보이는 게
전부는 아니다**
———

겉모습보단 내면이 아름다운 그런 사람.

겉모습에 그렇게 신경 쓰지 말아요.
무엇보다 중요한 건 마음일 테니까요.

상대에게 겉으로 잘 보이려 노력하기보단
자신의 내면에 있는 진심을 그대로 보여주세요.

함께한 순간들

**추억이라는
골동품**
———

지나간 시간들을 그리워했으며
지나간 우리의 모습을 그리워했다.

그리워했던 것들을 하나하나 모으니
또 하나의 추억이 되어 버렸다.

**알면서도
모르는 척**
———

때로는 알면서도 모르는 척해야 할
상황이 오기 마련이다.
가장 큰 이유는
그 사람에 대한 배려가 아닐까.

괜한 아는 척과 넓은 오지랖으로
더 큰 상처를 남기기보단
알면서도 모르는 척 그냥 넘어가주자.

Love Yourself,
Love Myself

참 소중한 당신.
자기 자신을 아끼고 더 많이 사랑해주세요.

Love Yourself, Love Myself.

101 함께한 순간들

**보이는
그대로의 나**

들기 좋게 들리는 달콤한 말들보다는
내 진심이 너에게 닿았으면 좋겠다.

애써 나를 꾸미고 포장하기보다는
그저 나로서 존재 그 자체로
너에게 다가가고 싶고
무엇보다 너에게 난 깊은 사람이고 싶다.

**흔들림의
시작**
———

언제부터인지는 모르겠다.
네가 나를 밀어내기 시작한 순간을.

너의 그 품 안에 안길 때마다
포근하게 나를 안아주던 너였는데,
언제부터인가
너는 조금씩 나를 밀어내고 있었고
나는 알아차리지 못했다.

미묘한 감정의 흔들림이 시작되었다.
아니, 갑작스럽게 사랑의 온도가
오르락내리락하기 시작했다.

매일 만나서 잡았던 너의 그 따뜻했던 손은
조금씩 미지근해지기 시작하다가
차갑게 식어버렸고,

결국 나는 너에게 이별을 말했다.

105 함께한 순간들

안 될 인연은 놓아주자

내가 애써 붙잡지 않으면
이미 끝나고 안 될 인연이었다.

그래도 그 사람 없이는
도저히 살 수 없을 것 같아서
내 모든 것을 버리고 잡았는데,
놓고 보니 깨달았다.

그 사람은 나 없이도 잘 살고 웃고 지낸다는 걸.
사실은 나도 그 사람 없이 잘 살 수 있었다는 걸.

**한밤의
통화**
—

전화기 너머 사랑하는 그대를
내 달콤한 목소리로 부드럽게 감싸면
오늘 밤 꿈에선 그대 예쁜 꿈꿀 수 있기를.

**시간의
소용돌이**
———

시간이 흐를수록 잊혀간다.
슬펐던 기억, 행복했던 기억 모두.

잊어보려고 지워보려고 애를 쓰던 나날들이
잔잔하던 수면 위로 떠올라

단 하나의 기억조차 남겨두지 않은 채
시간의 소용돌이 속으로 사라졌다.

111　함께한 순간들

**마음이라는
꽃병**
―

내 마음 속 탁자 위에 놓여 있던 꽃병이
네가 남기고 간 상처들로 산산조각이 났다.

산산조각이 난 유리 조각들을
아무리 치우려고 애를 써 보았지만
내 가슴 속 깊숙한 곳에 꽂혀 버렸다.

시간이 흐르면 흐를수록 상처는 깊어만 갔고
너를 원망하는 내 마음 또한 커져만 갔다.

**무너지진
않았다**
―――

너를 내 품에서 떠나보낸 후
무너지지 않았고, 좌절하지도 않았다.

애써 괜찮다고 믿고 싶은 건지,
얼른 익숙해지려고 괜찮은 척하는 건지.

더 이상 흘릴 눈물이 없을 무렵
나는 너를 내 기억 속에서 지웠다.

115 함께한 순간들

너도,
나도
―

"네가 원한다면 뭐든지 난 다 해줄 수 있어."
"세상에서 네가 제일 예뻐."

얼굴만 마주보고 있어도
쉬지 않고 나오던 어여쁜 말들이

이제는 네가 원함을 알면서도
목 끝에 걸려 맴돌아 나오지 않는다.

그렇게 한때의 사랑은
민들레 씨가 되어 바람에 날아갔고

흩날려간 민들레 씨들이
땅에 떨어지는 것을 바라보며
너도, 나도 좋은 사람을 만나기를 바라본다.

2부
봄을 부르는 당신

**마음속에
피어난 꽃**
———

지난 겨울은 유난히도 추웠다.

그럼에도 눈보라가 몰아친 나의 가슴 속에
예쁘고 향기로운 너라는 꽃을 피웠으니.

내 마음속에 핀 너는 참으로 따뜻했다.

당신 때문인데
―――――――――

너는 예쁜 말을 하는 나에게
예쁜 마음을 가지고 있다고 했다.

내 마음이 이렇게 예뻤던 것은
당신 때문인데.

변하지
않을 약속

사랑해.
이 말 한 마디로도 표현하기 부족한
내 마음이 정말 야속하고
내 자신이 미울 때가 있다.

네가 나에게 있어 전부이자 내 세상이
되어줬으면 좋겠다.
나 또한 내가 너의 세상이 되도록
약속할 테니 말이다.

**아팠던
이별의 끝**
———

끝이 없을 거라고 믿었던 사랑엔
항상 끝이 있었고

빨리 끝날 거라고 믿었던
이별의 아픔엔 끝이 없었다.

네가 없어진 내 일상은 쓸쓸하고 어두웠고
난 이별의 아픔이라는 기나긴 길을 걸어갔다.

127 봄을 부르는 당신

사랑의
세레나데

우리가 만든 세상이라는 하얀 오선지 위에
함께했던 아름다운 추억이라는 음표들을 넣어서
행복이라는 음악을 만든다.

오선지 위에 음표들이 하나씩 늘어날 때마다
추억은 아름다운 선율이 되어갔으며

마침내
세상에 하나뿐인 사랑의 세레나데가 탄생했다.

바람 부르는 당신

**우연,
인연**
———

'우연'이 겹치면 '인연'이 된다고 하였다.

나도 모르는 사이에 비었던 내 마음에
서서히 당신이 들어와 머무르기 시작했다.

그동안 아무것도 없던 내 마음은
당신이 거닐어 예쁜 꽃이 피어난 정원이 되었고
맑고 고운 눈동자처럼 푸른 하늘이 되었다.

131 봄을 부르는 당신

전하지 못한 마음
―

수많은 기억과 추억이 남은 곳에
전하지 못했던 내 마음을 살며시 두고 가면

시간이 지나 당신이 그곳에 찾아오지 않을까
간절히 바라고 바라본다.

언젠가 당신이 그곳에 찾아와
전하지 못했던 내 마음을 보게 된다면

늦어도 좋으니 다시 만나지 않아도 좋으니
나를 좋은 인연으로 기억해줬으면 한다.

**그곳이
어디든**
———

당신이 나를 잊은 듯이 살아가도
나를 스쳐 지나갈 때 나를 알아보지 못해도

당신을 볼 수만 있다면
그곳이 어디든 먼발치에서 지켜볼게요.

행복한가요?

삶에 치여 정신없이 바쁘게 살아가고
괜한 걱정에 잠 못 이루던 날들을 뒤로 하고
참 먼 길을 떠나왔다.

조금 내려놓고 나니 알게 되었다.
행복은 사소한 것에서부터 비롯된다는 걸.

참, 당신은 행복한가요?

137 봄을 부르는 당신

정답 없는 질문

째깍째깍
시곗바늘 돌아가는 소리가
어둡고 고요한 새벽 공기를 감싸 안는다.

새벽이라 당신 생각이 나는 건지
당신 생각을 하다 보니 새벽인 건지.

오늘도 어김없이 나는
정답을 모르는 질문을 던진다.

소리 없는 울음

'툭, 툭, 툭.'

눈꺼풀에 안간힘을 쓰며 매달려 있던 눈물들이
바닥으로 하나둘씩 떨어지기 시작했다.

마음이 칼로 베인 듯이 아파
소리 내어 엉엉 울고 싶었지만

내 사랑하는 사람들이 혹여나 듣고 걱정할까 봐
오늘도 홀로 숨죽여 울어본다.

141 봄을 보는 당신

**이제는 떠나보내야
하는 것들**
———

오지 않을 것만 같았던 이별이
나에게도 찾아왔다.

아직도 너와 함께한 모든 순간들이 아름다웠고
간직하고 싶은 추억들이 많았지만
남겨진 감정들을 애써 모아 쓰레기통에 버렸다.

시간이 지나도 난 여전히 너로 앓겠지만
너를 사랑했던 내 마음이 곱고 고왔기에

애써 좋은 추억으로 간직하고
이제야 너를 그만 내 곁에서 보내주려고 한다.

비 온 뒤 갬
—

앞이 보이지 않을 정도로
새벽 사이에 비가 내리기 시작했다.

네 생각으로 뒤척이고 있는 나에게는
저 비가 너와 같았다.

내리는 비와 같이
너는 그냥 잠시 머물다 가는 소나기일까
아니면 오랫동안 머무를 장마일까.

끝없는 질문 속 어느새 스르륵 잠이 들었고
일어나 창문을 열어보니 언제 비가 왔냐는 듯이
날은 화창했고 새들은 지저귀고 있었다.

**괜찮다,
무엇이든**
———

조금 서툴러도 괜찮아.
넘어지고 실패를 맛보아도 괜찮아.

나도 그랬으니까. 무너지지만 말아.

**당신은 참
잘하고 있다**
———

"꼭 1등 하고 와."

우리 사회 모든 곳에는 경쟁이 만연하며
그 경쟁의 결과에 따른 순위가 정해져 있다.

1등이라는 것에 혈안이 되어서
앞만 보고 달리는 경주마처럼
어쩌면 우리는
많은 것을 잊고 살아가고 있는지도 모른다.

진정으로 자신이 원하고 있는 삶이 맞는지
정해진 틀에 자신을 구겨 넣고 있지는 않은지.

그저 부담을 주기보다는
잠시 쉬어가도 좋으니 잘했다고 토닥거리며
자신을 위로할 줄 아는
그런 사람이 됐으면 한다.

**과거 회상 :
그땐 그랬지**
———————

"맞아 맞아, 그땐 그랬지."

대부분의 사람들은
지나간 일들을 회상하고는 한다.

자신도 모르는 사이에
지난날들은 추억이란 단어 속에서
미화되거나 포장되고는 한다.

어떤 과거는 아름다운 추억으로 남기도 하지만
지나치게 포장되어 버린 과거는
자신이 겪었던 아프고 힘들었던 시간마저도
잊게 만들고 기억 속에서 지워버리곤 한다.

151 봄을 보는 당신

꿈을 좇는 어른

"꿈을 좇는 어른으로 있었으면 좋겠어."

세계적인 가수 방탄소년단의 멤버
슈가의 말이다.

가끔은 포기하고 싶고 내려놓고 싶을 때가 많은데
저 문구를 휴대전화의 다이어리에 적어두고
나를 반성하며 채찍질하곤 한다.

정해진 목표가 있기에, 꿈을 향해 달려가기에.
그것만으로도 박수 받아도 마땅하다.

의미 없이 매일을 보내기보다는
길게는 1년, 짧게는 1주일,
무언가를 목표해 놓고 실천해보길 바란다.

문득 꿈을 향해 달려가다 뒤를 돌아봤을 땐,
꿈을 좇고 있는 어른이 되어 있을 테니까.

**놓치지
말아요**
———

찾아오는 기회든, 사랑이든, 인연이든
무엇이든 놓치지 않았으면 한다.

흘러간 시간은 되돌아오지 않으며
놓치지 않고 잡아서 내 것으로 만드는 것도
자신의 능력이니 말이다.

**봄을 부르는
당신**
―

너를 처음 마주쳤을 때는
꽃이 다 진 계절이 분명했는데

다시 한번 너를 마주치자
져버렸던 꽃망울이 터졌다.

피어난 꽃들 사이로 풍겨져 나오는
꽃향기가 은은하게 나를 감싸 안았다.

**빨간
인연의 실**

"안녕. 잘 가. 고마웠어."

짧고 짧은 이 대화를 끝으로
너와 나는 안녕을 말했다.

멀어져가는 서로를 잡지 못한 채
눈물과 아쉬움, 미련을 삼켰다.

너와 나를 이어주었던
빨간 인연의 실은 끊겼고 헝클어져
내 마음을 어지럽히기 시작했다.

159 봄을 부르는 당신

그대
생각에
———

노을이 지는 해질녘에
모래사장에 홀로 앉아
파도가 일렁이는 모습을 물끄러미 바라본다.

해가 완전히 지고 난 후
파도가 밀려오는 소리가 들려올 때쯤
그대 생각에 돌멩이 하나 던져본다.

그대를 보고 싶은 이유를 찾지 못하여
파도에 밀려온 애꿎은 조개껍질을 탓해본다.

161 봄을 부르는 당신

나는
나다
―

거울 앞에 서서 뚫어지게 자신을 쳐다보았다.
어디에도 없었다. 내 과거의 모습들이.

남들에게 맞추려고 애를 쓰다가
잃어버린 건 아닐까. 진정한 나의 모습을.

언제부터인가
난 남들 발에 맞춰 살아가고 있었다.
내 진정한 자아를 뒤로한 채 말이다.

163 바람 부르는 당신

**너
하나쯤은**

내 생각보다 너는 나에게 큰 존재였다.
나는 매 순간에 최선을 다하지 않았지만
너는 나에게 최선을 다하였다.

너 하나쯤은 곁에 없어도 잘 살 수 있다고
큰 의미부여를 안 하고 살아왔는데
매일 곁에 있던 네가 없어지고 나니 알았다.

마음은 텅 비어가고
별별 기억에 나도 모르게
가슴이 아려오고 있다는 것을.

165 봄을 부르는 당신

대화의
중요성
———

대화는 상대방을 알 수 있는
좋은 방법 중 하나이며
경청해야만 그 생각을 잘 받아들일 수 있다.

대부분의 사람들은 대화 중에
자신의 생각과 상대방의 생각이 다를 때
중도에 말을 끊거나 다른 의견을 내곤 한다.

대화가 끊기는 순간에
마음도 끊긴다는 걸 모른 채 말이다.

당신은 구름을 흘려

장마

수없이 많은 날의 달이 뜨고 지고
많은 계절들이 왔다 가고
함께한 기억과 추억들이 사라진대도
난 아직 여기에 머물러 있다.

시간은 내리는 빗물에 흘러가버리고
이제 난 너를 그리워하기 시작했다.

봄을 부르는 당신

**운명의
상대**
___

자신도 모르는 사이에
누군가 나의 삶에 들어와서
내 인생을 바꿔놓기 시작할 때,

그 누군가는
점차 시간이 지나면 지날수록
선명해지고 중요해지기 시작한다.

바로 그 누군가가 너라는 사람이었으며
너를 만난 그 순간이 운명이었다고,

내 인생이라는 책의 한 페이지에
너를 사랑한다고 가득 적고
평생 너를 보며 살아가려고 한다.

171　봄을 부르는 당신

솔직하게 말해서 나
___

그래, 맞다.
솔직하게 정말 많이 흔들렸다.
나를 너무 많이 사랑해서
다시 시작하고 싶다는 너의 그 말 한 마디에

또다시 너를 믿고 가려고
몸을 돌려 한 걸음을 내딛으려는 찰나에
너와 함께했던 과거의 기억들이
필름처럼 연이어 머릿속을 스쳐 지나갔다.

그제야 나는 깨달았다.
너를 사랑했던 그 순간들과
지금의 너를 헷갈렸다는 것을.

너는 나를 다시 만나기 위해 먼 길을 돌아왔지만
행복했던 그 순간은
다시 돌아오지 않을 것이라고.
다시 만난 너와의 그 행복한 순간은 잠시일 테며
영원하지 않을 것이라고.

173 봄을 부르는 당신

그러지 말걸

그러지 말걸 그랬다.
그래서는 안 될 거였나 보다.

애초에 마음도 여지도 주지 말았어야 했다.

175 봄을 보르는 당신

**그렇게,
우연히**
———

막 여름을 지나 가을로 접어들어
선선하게 불어오던 바람마저 달콤했던 그날.

하늘은 구름 한 점 없이 맑았고
알록달록 단풍들은 물들어갔다.

파란 가을 하늘을 배경으로 한 채
너는 선선한 바람과 함께 내게 불어와 안겼다.

그렇게 우연히 너에게 마음을 뺏겼다.

177　봄을 부르는 당산

**사랑의
갈망**

———

한두 번 스쳐 지나가는 옷자락과 손 끝.
그리고 우연히 한두 번 마주친 눈빛 하나에
사랑이라는 감정이 몽글몽글 피어나기 시작한다.

사귀자는 말은 너무나도 쉬웠고,
서로를 믿지 못해 다투고
눈물짓게 하는 것 또한 너무나도 쉬웠고,
마음에 금이 가는 것 또한 금방이었다.

어느 누구든 사랑에 목말라 쉽게 마음을 주고
상처를 받는 것은 너무나도 쉬웠다.

**자신 있게
말하자**
———

나는 그저 내 생각을 말하고 싶었다.
부끄러운 것이 아니니 움츠러들 필요도 없었다.

그러니 하고 싶은 말은 하고 살자.
괜히 마음속에 담아 두지 말고.

**쓸데없는
감정 낭비**

나를 버린 사람은 나도 버리면 된다.
별것 아닌 것들에 감정 낭비하지 말자.

세상은 넓고 넓으며 당신을 아껴줄 사람은 많다.
괜히 눈물 흘리며 아파하지 말자.

봄을 부르는 당신

사소함에서 비롯되는
모든 것들
―――

무엇이든 사소함에서 비롯되기 시작한다.
행동, 말버릇, 인간관계도 마찬가지다.

내 자신의 속마음도 잘 알지 못하는데
상대방의 마음을 어떻게 속속들이 알 수 있을까.

그 사소함 때문에
괜히 아파하지도 말고 상처 받지도 않았으면 한다.

**잘 자,
예쁜 꿈 꿔**
———

고생 많았던 하루를 마무리하며
오늘 하루가 마냥 좋지 않았더라도

그 힘들게 하는 모든 것들을 뒤로 하고
내일은 오늘보다 더 나은 하루이길 바라며
하루의 끝에 서서 너에게 나지막이 말을 건넨다.

"잘 자, 예쁜 꿈 꿔."

나에게 정말
소중한 당신

———

힘이 들면 뒤를 돌아보세요.
그럼 제가 그 자리에 무던하게 서 있을게요.

그대가 힘들 때 돌아보면
그 자리에 있는 그런 사람이 될게요.

189 봄을 부르는 당신

**소중한
그대에게**

힘들고 지친 그대에게 말해줄래요.
힘내라고.
정말 잘하고 있다고.
그대보다 소중한 사람은 없다고.
그대만큼 예쁜 사람은 없다고.

191 봄을 보는 당신

더 잘할 수 있었는데

내가 더 잘할걸.
조금만 더 이해할걸.
한 번만 더 생각하고 말할걸.

이별 후, 항상 나를 찾는 미련들.

봄을 부르는 당신

어디쯤 가야 할까요?

목적지가 불분명한 길을 한참을 걷고 걸어
아직도 보이지를 않아 묻습니다.

당신의 마음은
어디쯤 가야 볼 수 있습니까?

195 불을 부르는 당신

**추억의
사진관**
―

"하나, 둘, 셋."

'찰칵!'

플래시가 터진 후 화면 속 사진에는
한 남자와 한 여자가 담겨 있다.

아마도 이 순간, 이 사람을
오래 기억하고 남기고 싶은 것은 아닐까.

시간이 지난 후 사진을 꺼내 들여다볼 때
그때 갖고 있던 그 감정도
다시 기억했으면 좋겠다.

어떤 것이든
좋은 추억이길 바라며 말이다.

197 봄을 부르는 당신

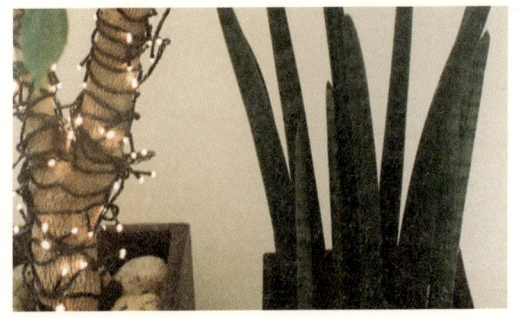

다시 너를 마주하기를

어느새 다가온 따뜻한 봄의 숨결에
바스러진 수천 개의 기억들이
싹을 틔우기 시작했다.

이제 막 새싹을 틔울 너의 계절에
그리움 하나 살며시 남겨두고

다가올 계절에
너와 다시 마주하길 소망해본다.

**청혼의
사계절**
———

쨍하고 강하게 내려쬐는 햇빛을 빌려
당신의 귓가에 속삭이고 싶어요.

당신을 아주 많이 사랑한다고,
다가올 가을에도 나와 함께 하자고 말이에요.

아니, 나와 사계절을 함께 해주겠어요?

잠든 사이

그대 잠든 사이
조금 열린 창문 너머로 흘러들어오는 달빛이
그대 예쁜 얼굴을 비춰주고
곤히 잠든 그대에게 예쁜 꿈을 선물하여
꿈에서도 환한 미소로 웃고 있길.

**행복해져요,
우리**
—

우리는 충분히
행복해질 자격이 있는 사람이에요.
누구보다 치열하고 열심히 살아온 우리이기에
이제 힘든 것들 다 내려놓고 행복해져요.

이파리가 다 떨어진 나뭇가지에 새순이 돋아나듯이
우리의 삶도 그럴 테니까요.

**행복을
주문할게요**

"행복을 주문하고 싶어요."

행복, 참 많은 사람들이 찾고 원하는 것들 중 하나.
그만큼 수요가 많기에
판매할 수만 있다면 그러고 싶다.

아, 물론 유의사항을 담아서 말이다.

교환이나 환불은 안 되며
반드시 행복해야 한다는 것.
그리고 다음엔 진정한 행복을 깨달아
후에 이 상품을 사지 않았으면 하는 바람을 담아서.

눈 맞춤

너와 함께 침대에 누워
두런두런 이런저런 이야기를 하다가
빤히 너의 눈을 쳐다보았다.

너의 눈에는 내 눈빛이 맺혀 있었고
다시 한번 내 눈이 너와 마주친 순간
한순간에 난 녹아내리고 말았다.

**기분 좋은
뒤척임**

———

오랜만에 찾아온 설렘에
쉽사리 잠들지 못하는 이 밤.

잔잔한 노래와 함께
눈 감으면 생각나는 당신.

참 기분 좋은 뒤척임이다.

**환하게
웃으세요**

———

누구나 말 못할 걱정거리를
하나씩 안고 살아간다.
하지만 그 걱정거리가
그대를 힘들게 하지 않았으면 한다.
당신은
환하게 웃으며 살아가야 마땅한 사람이니까.

**아픔의
끝엔**
―

봄이 오면
꽃이 화사하게 피어나듯이

땅을 촉촉하게 적실 만큼 비가 내리면
구름 뒤에 감추어져 있던 해가 나오듯이

이 아픔의 끝에는
행복이 기다리고 있을 거예요.

속삭임

―

길었던 하루 끝에 너와 함께 누워있는
지금 이 순간.
이불처럼 포근하고 따뜻한 너의 품과
커튼 사이로 살며시 우리를 비추는 달빛.

곤히 잠든 너의 품속에 안긴 나는
커튼 사이로 새어드는 달빛에 물들고 만다.

그렇게 깊어가는 새벽 속에 물든 달빛으로
밤하늘 온 세상 가득 너를 그리며
나의 세상을 온통 너로 채운다.

참 아름답다, 너라는 나의 세상은.

흐트러진 머리카락을 귀 너머로 넘겨주며
잠든 너를 보며 나지막하게 속삭여본다.

나의 세상엔 너 하나뿐이라고.
너를 정말 사랑한다고.

217 봄을 부르는 당신

내 진심이 닿았으면

풀벌레만이 우는 고요한 밤.
열린 창문 사이로 비친 하얀 초승달에
차마 그대에게 전하지 못했던
나의 진심을 실어 보냅니다.